AF562054

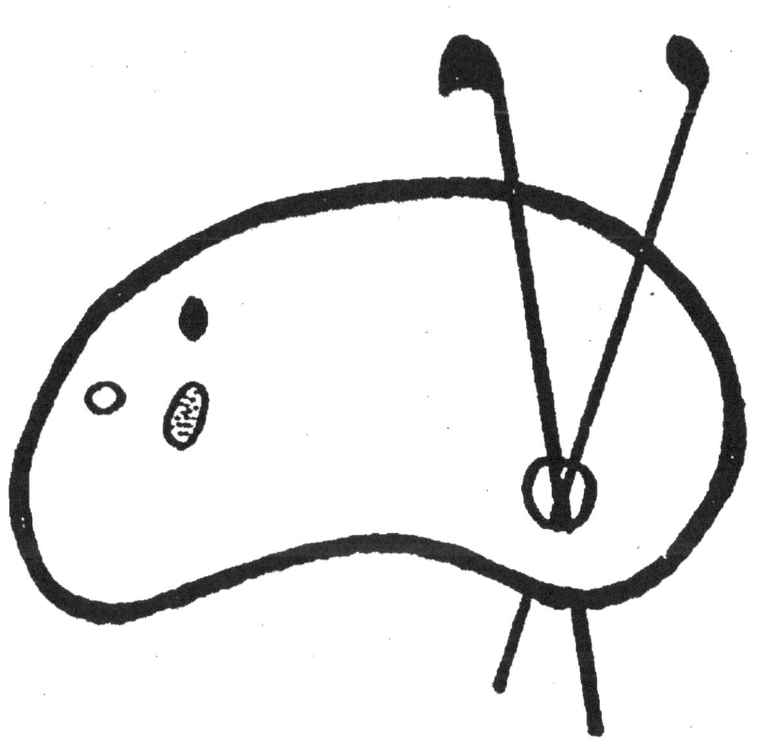

VOYAGES ET VOYAGEURS
DANS LE MAINE

Du XVIe au XXe Siècle

Course au Clocher à travers le Saosnois

PAR

HENRI CHARDON

Ancien Conseiller général de la Sarthe
AVOCAT
Officier d'Académie
LAURÉAT DE L'INSTITUT

LE MANS
A. DE ST-DENIS, Libraire-Éditeur
Carrefour Saint-Nicolas

1906

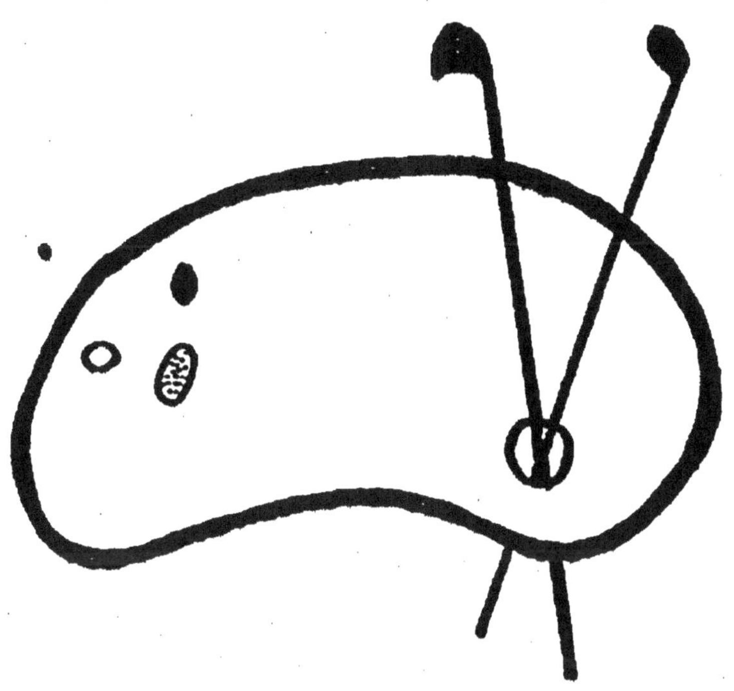

FIN D'UNE SERIE DE DOCUMENTS
EN COULEUR

VOYAGES & VOYAGEURS

DANS LE MAINE

VOYAGES ET VOYAGEURS

DANS LE MAINE

Du XVIe au XXe Siècle

Course au Clocher à travers le Saosnois

PAR

HENRI CHARDON

Ancien Conseiller général de la Sarthe
AVOCAT
Officier d'Académie
LAURÉAT DE L'INSTITUT

LE MANS
A. DE ST-DENIS, Libraire-Éditeur
Carrefour Saint-Nicolas

1906

I

Voyages et Voyageurs

DANS LE MAINE

Le Touring Club afin de pouvoir rendre plus intéressants les voyages, dont il dresse le programme pour ses membres, entreprend de mettre en valeur et de faire connaitre les sites pittoresques et les monuments remarquables de la France. Pour répondre à son appel des sociétés se forment dans divers départements. Le territoire de Belfort a le premier ouvert la marche, la Sarthe n'a pas tardé à le suivre.

Il y a des gens qui s'étonnent qu'au XXe siècle il existe encore quelque chose à révéler dans n'importe quel département au point de vue des monuments ou des sites pittoresques ; ils ont tort.

Les photographies et les cartes postales dont nous sommes inondés ont produit de véritables découvertes. On peut dire aussi qu'elles ont fait l'éducation de l'œil. Jadis on passait indifférent devant des sites dont des photographies esthétiques ont su saisir la véritable poésie.

Le Touring Club agit donc bien en réunissant l'ensemble de ce que les départements offrent de pittoresque ; il en facilite ainsi la connaissance à ceux qui sont épris du désir du beau dans leurs voyages, sans avoir recours aux longues descriptions de Joanne, Bædeker ou Conti. Dans la Sarthe les guides de Legeay, de l'abbé Charles, de Dejault-Martinière donnent peu de renseignements au point de vue du pittoresque.

Ce n'est pas d'hier que sont nés les guides ou les descriptions des voyageurs et je voudrais profiter de l'occasion qui m'est offerte pour passer en revue les différentes relations des voyageurs dans le Maine.

On ne peut guère en fait remonter au delà du commencement du XVIIe siècle.[1]

Le premier voyageur qui mérite d'être signalé c'est Just Zinzerling. Le Mans n'était pas sur la grande route de Nantes ou de Rennes à Paris, de sorte qu'il ne se trouvait pas sur le grand chemin des voyageurs.[2] On les rencontre plutôt à la Flèche que dans la capitale du Maine. C'est là qu'on voit Just Zinzerling, un Allemand, qui parcourait la France à l'époque de la minorité de Louis XIII.[3] Il était surtout sensible au charme de la bonne chère. Aussi a-t-il soin de célébrer l'excellente auberge des *Quatre-Vents*, dont il vante aussi le bon marché.[4]

La Flèche, à vrai dire, faisait plutôt partie de l'Anjou que du Maine. Il en est de même du Lude. Cependant je ne puis oublier ce que Mme de Sévigné a écrit de son château. La plus célèbre des voyageuses du XVIIe siècle ne dit rien du Mans, malgré le sac de poil d'ours que lui prêta Cos-

---

1. Pour la Mayenne on pourrait remonter au XIIIe siècle, à l'aide du Livre de visites de l'abbé de Marmoutiers. Pour tout le Maine on trouve en 1554 la description de la *Carte cénomanique*, de Macé Ogier, livre imprimé et souvent réimprimé en un petit in 12, jusqu'à la fin du XVIIIe siècle.

2. Cf. le *Voyage de Bretagne par le pays du Maine*, de Philippe de Coulanges, (*Chansons choisies*), 1754, in-12, p. 70.

3. Jodoci Sinceri, *Itinerarium Galliae et finitimarum regionum*, Ludguni, 1616, Amstelodami, 1649.

4. La Flèche resta longtemps fidèle à cette réputation. Besnard, dans ses *Mémoires*, a soin de vanter la bonne cuisine et le bon marché de l'auberge du *Lion d'Or*, tenue alors par Mme Richard, mère du Conventionnel sarthois, (éd. C. Port, 1880, t. I, p. 312).

tar en 1659 et malgré tous les amis qu'elle y comptait (l'évêque, Costar, Girault). C'est pour Malicorne et surtout pour le Lude qu'elle garde toutes les tendresses de son pinceau. La lettre qu'elle a écrite de Tours sur le Lude (11 octobre 1690) est peut-être ce qu'on a fait de plus joli et de plus ému sur ce château[1] célèbre à plus d'un titre et d'où une autre grande dame et une reine, Catherine de Médicis, ont aussi daté de leurs lettres.

Lorsqu'elle traversait le Maine, c'est plutôt à Malicorne que s'arrêtait la Marquise. Et, en descendant au château, chez son amie, Mme de Lavardin, elle bavardait avec elle et traçait ensuite des descriptions où elle faisait des eaux du château une petite Venise.[2]

Les deux principaux voyageurs du XVIIe siècle, dans le Maine, qui nous aient laissé les résultats de leurs pérégrinations, sont d'allures bien différentes : l'un date de la fin du règne de Louis XIII, l'autre de la fin de celui de Louis XIV : Scarron et Roger de Gaignières.

Le premier, dans son *Roman comique*, de même que son continuateur Jean Girault, et dans ses épîtres en vers à Mme de Hautefort, a tracé de curieux portraits de la société mancelle de son temps et dépeint les hôtelleries et les grands chemins du Maine.

L'autre, dont le crayon est célèbre, l'inimitable, l'inoubliable amateur d'Art, Roger de Gaignières, a dessiné et fait dessiner châteaux, abbayes, églises et tombeaux du Maine et sauvé de l'oubli nombre de monuments. Grâce à lui nous savons ce qu'était le château de Tessé, celui de Sourches et beaucoup d'autres.[3] Aucun voyageur n'a fait plus que lui et nous lui devons une ample reconnaissance : ce fut le plus curieux et le plus utile des voyageurs.

---

1. Capmas, *Lettres inédites de Mme de Sévigné*, Hachette, 1876, t. II, p. 476.

2. *Lettres de Mme de Sévigné*, (éd. Hachette, 1862, t. II, pp. 223 et 430 ; t. IV, p. 391 ; t. VII, p. 112.

3. Les copies des dessins de Gaignières relatifs au Maine, dont les originaux sont en Angleterre, existent aux Manuscrits de la Bibliothèque nationale et à la Bibliothèque du Mans.

La première missive que nous trouvions ayant trait au Mans est du 25 octobre 1711. Elle est écrite à Pontchartrain par un hôte du maréchal de Tessé qui a séjourné au Mans. Elle est pleine du parfum du *Roman comique* et c'est une des pièces que j'ai eu le plus de plaisir à citer en tête du second volume de mon *Scarron inconnu.*[1]

Le même correspondant est aussi enchanté du site de Sablé. Voici ce qu'il en dit : « Le Fornare est si charmé de la situation de Sablé que gare à la bourse de M. de Torci, s'il veut faire un château qui réponde à la magnificence de ce nouvel Archimède. Il dit qu'après la vue des Chartreux de Naples il n'y a vue qui approche de Sablé.[2] »

Avec le XVIIIe siècle les voyages dans le Maine deviennent plus fréquents. Et cependant M. Babeau n'en signale aucun dans son ouvrage.[3] Il faut les glaner un peu partout.

Je trouve d'abord à citer quelques pages d'un voyage entrepris en 1720 par un gentilhomme du nom de La Vallette qui visita la Flèche, Le Mans, La Ferté-Bernard et décrit d'assez bonne façon les pays qu'il a vus, sans oublier les auberges où il a trouvé bon souper et bon gîte ; au Mans il note comme bonne auberge le *Cheval blanc*, sur la place des Halles (à côté de la Visitation) dont on vantait encore au premier tiers du XIXe siècle les *pommes de terre à la Loriot.* Ce voyage n'a été publié qu'à la fin d'octobre 1896 dans trois numéros de la *Semaine du Fidèle.*

En 1765, voici un voyage de Paris à Nantes par les Messageries d'après l'*Itinéraire de l'Indicateur fidèle des voyageurs, qui enseigne toutes les routes royales et particulières de France.....* dressé par le sieur Michel, ingénieur du roy, à l'Observatoire, mis au jour par le sieur Desnos, Paris, rue Saint-

---

1. Cf. H. Chardon, *Scarron inconnu et les types des personnages du Roman comique*, t. II, 1904, p. 6.

2. Cf. Hauréau, *Histoire littéraire du Maine*, t. VI, p. 74, (lettre du 8 novembre 1711).

3. *Les Voyageurs en France depuis la Renaissance jusqu'à la Révolution*, Paris, Didier, 1885.

Jacques, à l'enseigne du Globe, 1765. Le *Magasin pittoresque* de 1893 a reproduit cette relation. La verve humoristique de l'auteur s'en donne sur le compte des Manceaux. Il écrit à sa femme :

« Notre auberge était sur une place dite des Halles. Je » me faisais fête de manger du bon chapon du Maine ou de » la grasse poularde. Notre hôtelier se mit à rire. — Oh ! » ce n'est pas la saison, *vantié !* Il fallait venir au mois de » février. »

Et c'est une suite de spirituelles plaisanteries sur la passion des Manceaux pour leur expression patoise de *vantié* qu'ils ont toujours à la bouche.

Je ne dois pas oublier les mémoires des Intendants de Tours, pendant une centaine d'années, de la fin du XVIIe à celle du XVIIIe siècle ; c'est sans contredit la source des renseignements les plus précieux sur le Maine. Malheureusement à part ceux de Miromesnil ils sont tous inédits. On va voir par l'extrait de l'un d'entre eux, de 1748, l'intérêt qu'ils présentent. Rien de tel n'a jamais été écrit sur notre pays. Ces lignes ne sont pas inférieures à la célèbre page de La Bruyère. Elles ont trait au nord de la Mayenne, au pays de « Nuz » comme on disait au XVIe siècle.

« A Lassay, Villaines, Sillé, le sol est maigre, hérissé de landes bruières et bruérages. Il semble qu'il n'ait été créé que pour produire des herbes, des ronces et des épines. On croirait même que le soleil ne le regarde que malgré luy et que le ciel ne luy communique qu'à regret ses influences. Les terres restent incultes pendant cinq à six ans. Puis, la superficie en est brulée et la fougère convertie en engrais. On peut donc dire avec vérité que dans ce païs on mange son pain à la sueur de son corps. *Ceux qui habitent ce canton ressemblent à des hommes ;* ils sont secs et hideux par raport aux mauvais aliments dont ils se nourrissent et cependant forts, robustes et laborieux par nécessité... Ils sont litigieux et vindicatifs, ne connaissans d'autres liaisons d'amitié que celles qui favorisent leurs intérêts. La bonne foy n'est pas leur vertu favorite et ils ne parlent jamais affirmativement. Pour sçavoir à qui appartient l'eau qui coule en un chemin et quelle portion chacun des rivages doit en avoir, cela forme entr'eux des procès à l'infiny, et ils conservent jusqu'à la quatrième génération une haine implacable pour une augmentation de taille.[1] »

Le portrait n'est pas flatteur ; mais venant d'un intendant on ne peut cependant contester sa véracité.

L'Anglais Arthur Young a parcouru la France de 1787 à 1790, mais il parle fort peu du Maine. De la Flèche au Mans il n'a vu que des landes. Il ne resta même pas au Mans parce qu'il eut le malheur de ne pas y rencontrer M. de Tournay, secrétaire de la Société d'Agriculture. Il fait toutefois l'éloge du pays situé sur la route de Beaumont et d'Alençon, « supérieurement entrecoupée de rivières et de ruisseaux, où l'on voit de bonnes terres bien encloses et passablement cultivées avec de l'engrais. »

Je pourrais citer les nombreux dictionnaires qui depuis Duchesne jusqu'à Expilly contiennent une soi-disant description géographique de la France, mais ce sont plutôt, presque tous, des dictionnaires historiques de notre pays ; le pittoresque n'a rien à y voir et ce ne sont pas des œuvres de voyageurs. Il en est de même pour le Maine des dictionnaires de Le Paige et de Daveluz, qui, bien que composés à l'aide de documents écrits sur les lieux, contiennent surtout l'histoire des localités et peu de descriptions.

On n'a rien conservé du voyage économique entrepris de concert dans le Maine, avant leur voyage en Bretagne, par Vincent de Gournay et Turgot, et je suis même le premier à le mentionner.

Nous arrivons à la Révolution. Il semble qu'avec elle éclose une nouvelle France, qui voit se lever une nuée de voyageurs.

Voici le *Voyage dans les départements de la France par les citoyens J. La Vallée*, avec dessins, in-8°, 1793, la *Statistique du*

---

1. Je dois la connaissance de ce mémoire intitulé *Election du Maine*, 127 feuillets in-folio, relié en veau plein, à une bienveillante communication dont je ne saurais trop remercier l'auteur. Ce mémoire est de l'intendant Savalette de Magnanville.

département de la Sarthe, du préfet Auvray, an XIII, in-8°, rédigée par le secrétaire général Rast Désarmands. *La Description topographique et statistique de la France*, (département de la Sarthe) de Peuchet et Chanlaire, sans compter les notices publiées dans l'« Annuaire de la Sarthe » par Renouard.

Le goût des voyages se développe et pour le satisfaire paraissent divers ouvrages d'intérêt et de mérite inégaux : *L'hermite en province* de Jay, Paris 1827, gai bavardage qu'on se plaît à relire après l'avoir parcouru ; l'*Itinéraire de Vaysse de Villiers*, description de la route de Paris à Nantes, 2 vol. in-8°, etc. Je passe la *France pittoresque*, par Hugo, le dictionnaire de Girault de St-Fargeau, *l'Histoire des Villes de France* et j'arrive au *Voyage pittoresque dans le département de la Sarthe*, dessiné et lithographié par St-Elme, publié avec des notes par Richelet. C'est là enfin le livre par excellence des voyageurs dans notre région, le premier qui se préoccupe des « beautés pittoresques » du pays. Il vante « l'immense horizon de Ballon, véritable panorama dont les regards ne peuvent se lasser d'admirer l'étendue et la variété », et ailleurs « les bords de la Sarthe susceptibles de présenter à l'artiste plusieurs sites dignes d'exercer ses crayons. » Quarante-et-une planches, parmi lesquelles il y en a une dessinée par Jolivard, forment surtout l'intérêt de cette publication, qui n'est pas assez appréciée à sa valeur dans notre province.

Avec le temps les voyageurs se spécialisent. Voici le *Voyage archéologique dans l'ouest de la France*, par Mérimée, in-8°, 1836, où nos monuments commencent à être appréciés par un connaisseur. Mérimée n'oublie pas, auprès de St-Julien, « le peulven en grès siliceux, long de huit pieds, de deux pieds de diamètre, grossièrement arrondi et se terminant en pointe, » ni à Solesme, « la Madeleine à genoux, abîmée dans la douleur, dont l'expression et le mouvement sont remplis de naïveté et de noblesse en même temps. »

Vers la même époque (1829-1842) paraît le *Dictionnaire topographique, historique et statistique de la Sarthe*, par Pesche, dont on ne peut dire ni trop de mal ni trop de bien selon le point de vue où l'on se place ; certains de ses articles bien documentés sont précieux.

Quelques années après est publié un ouvrage de plus grand luxe, dû à la collaboration de plusieurs plumes sous la direction de M. de Wismes, *Le Maine et l'Anjou*, en deux tômes in-folio, un pour chaque province. L'ouvrage est à rapprocher de celui de Richelet. C'est le dernier travail important dont le Maine ait été l'objet ; depuis lors il n'a été publié que des ouvrages de vulgarisation ou des guides à mettre en poche en voyage, dont le besoin se faisait sentir depuis le prolongement du chemin de fer jusqu'au Mans en 1854.

En 1880 parait le *Guide illustré du touriste au Mans et dans la Sarthe*, par l'abbé Charles, avec dessins de M. Bouet, dont beaucoup avaient déjà figuré dans le *Bulletin monumental*. Il est regrettable que l'auteur n'ait pas gardé son ouvrage en manuscrit deux ou trois ans de plus pour le compléter ; son *Guide* eut été un livre accompli. Il reste cependant le meilleur des *Guides* manceaux. (Je ne parle pas de ceux de Johanne, Conti, etc.) Je ne ferai que citer les amas de compilations de Legeay, *le Guide des Tramways de la Sarthe*, *le Mans illustré*, de Dejault-Martinière.

Dieu merci ! voici autre chose que des Guides ; *Le Voyage en France* (1re et 2me série) d'Ardouin Dumazet, qui avait été journaliste au Mans. Il a traité notre province *con amore* (1890-1894) dans son intéressant ouvrage où il parle du Maine pittoresque, agricole, économique, etc.

Pour finir par un livre composé par un étranger je mentionnerai : *La France, essais sur l'histoire et le fonctionnement des institutions politiques françaises*, par J. E. Bodley, in-8°, Paris, Guillaumin, 1901, qui a poursuivi son enquête dans l'ouest jusqu'au Mans, Angers, Vannes et s'est inspiré dans son kaléidoscope de la parole du cardinal Manning : « Écrire le tableau de la France, c'est en écrire l'histoire. »

Je ne trouve plus à mentionner que les *Sites et Monuments de France*, publiés par le Touring Club. Le tôme sur le Maine est paru, mais l'ensemble en 33 volumes n'est pas encore aujourd'hui achevé.

Voilà où nous en sommes depuis plus de deux cents ans

de voyages dans le pays du *Roman comique*. Le *Circuit de la Sarthe* va prochainement augmenter ces voyages et donner à leur description un nouvel essor.

II

Course au Clocher à travers le Saosnois

La bicyclette ayant amené la démocratisation des voyages, le Touring Club a cherché un mode de description des paysages et des monuments qui fut en rapport avec ce rapide moyen de locomotion, et me trouvant au centre du Saosnois, c'est cette région du Maine que j'ai été chargé tout particulièrement d'esquisser ; je l'ai fait en bavardant tout à mon aise plutôt qu'en répondant au programme de la société.

Le Saosnois comprend toute la partie nord de l'arrondissement de Mamers.[1] Ce nom répond à une ancienne dénomination topographique et remonte à la période mérovingienne. Il ne vient nullement des Saxons, mais de la lenteur du cours des eaux de la Saosnette qui a donné son nom à

1. Cf. Pesche, *Dictionnaire de la Sarthe*, t. V, (V° Saosnois), p. 759 et suivantes.

Saosne ; de même, l'appellation de la rivière de Saône qui a succédé à celle d'*Arar* a donné son nom au département de Saône-et-Loire.[1]

Le Saosnois a compté successivement pour villes principales : Saosne, St-Rémy-du-Plain, Mamers. La légende, qui n'oublie pas la grandeur déchue de Saosne, raconte qu'on entend les cloches de cette ville sonner dans l'étang de Guéchaussé pendant la nuit de Noël ; elle dit encore : *Ville de Saosne, faubourg de Mamers.*

Commençons par parler de Mamers, puisque c'est aujourd'hui la capitale du Saosnois. A tout seigneur, tout honneur.[2]

Et d'abord, d'où vient le nom de cette ville ? Il y a quarante ans déjà, j'ai dit qu'il était l'équivalent de celui de Saint Mamès, martyr de Cappadoce, confondu depuis bien longtemps avec Saint Mamert, évêque de Vienne. C'est là quelque chose d'absolument certain, d'indubitable. Les maîtres de la science, tels que Jules Quicherat, n'ont pas hésité à adopter cette étymologie.[3]

Il est impossible de faire venir le nom de Mamers de *Mamertiacum*, *Mamertium*, villa d'un Gallo-Romain du nom de *Mamertus : Mamertiacum* eut donné *Mamercé* ou *Mamercy*. Dans cette zône frontière où le suffixe *iacum* a fléchi en *é* et en *y* et où l'on dit indifféremment *Origny* ou *Origné*. Il faut être philologue pour s'occuper de l'étymologie des noms de lieu, ou sans cela il vaut mieux ne pas s'en mêler.[4]

C'est dans une scène relative à Saint Longis et à Sainte Onoflète, (que la légende populaire a dénommée du nom

---

1. Autrefois la Saosnette, alimentant les étangs, aujourd'hui desséchés, qui servaient à la défense de Saosne, n'alimente plus aujourd'hui que l'étang de Guéchaussé.

2. Mamers, chef-lieu d'arrondissement du département de la Sarthe, sur la Dive, 6.015 habitants, situé à l'extrême limite du département.

3. Cf. Quicherat. *De la formation française des anciens noms de lieu*, Paris 1867, p. 68.

4. On trouve ailleurs dix-sept villes s'appelant *Mamers*, *Mamet*, *St-Mamey*, etc.

de Sainte Brasille), qu'on voit apparaitre pour la première fois le nom de Saint Mamet. Il existe encore sous la forme de Saint Mommès au XIe siècle, et plus tard, il s'est transformé définitivement en Mamers.[1]

Quant à la ville même, au premier coup d'œil, elle parait assez peu intéressante et assez triste, avec ses places bien vastes pour la petite cité et mornes comme des places de Hollande. Mamers présente à coup sûr moins d'intérêt que la Flèche, la ville d'Henri IV, que Sablé, appelé par le conseiller d'Etat mamertin Langlais *le Saint-Etienne de l'Ouest*. Cependant le voyageur peut encore y faire quelques découvertes. Ses places, je les ai vues trop étroites jadis lors des foires de septembre ou lors d'évènements extraordinaires. Il en fut ainsi par exemple pour la place des Grouas, à la fin de juin 1848, lorsque la garde nationale y fut rassemblée : chacun était plein d'inquiétude, se demandant si l'on allait aller au secours de l'ordre ou donner la main aux insurgés de Paris.

Quant à la place Carnot (jadis place des Halles), je regrette de ne pouvoir indiquer de gravure représentant l'état de ses deux anciennes halles : l'une, aujourd'hui détruite, renfermait les étaux des anciennes boucheries, le corps de garde des gardes nationaux, le réduit où l'on emmagasinait les grains non vendus au marché, l'ancienne salle de spectacle, bien exigüe, dont la porte des coulisses était si étroite que Mlle Georges, venue en représentation à Mamers, dut entrer par la scène. La plus ancienne lithographie que je connaisse de cette place est postérieure à la nouvelle salle des fêtes, elle est l'œuvre d'Ernest Pichot et a été dessinée et lithographiée par Faribault vers le milieu du siècle dernier.[2] Je vois encore la place, telle qu'elle était autrefois, avec sa vieille fontaine, où l'on venait en foule

---

1. Cf. *Vita sancti Lonochilii presbyteri et sanctae Agnofledae Deo sacratae virginis, pridie kal Septemp.* (ap. *Analecta Bollandiana*, t. III, pp. 159 et 199, V. Palmé, 1884).

2. Cette lithographie est rare ; j'en possède dans mon cabinet un exemplaire daté de 1856.

porter les seaux dès 4 heures du matin, afin de pouvoir se procurer l'eau qui faisait défaut à la population. Quels jolis noms elles avaient les fontaines d'alors ! Fontaine de *Rosette*, de *la Pleureuse*, de *Poudreuse*, etc., dont l'eau ne valait pas toutefois celle du *Lévrault*.

Je ne parlerai pas des églises, de Notre-Dame, intelligemment réparée et ornée, de Saint-Nicolas, en face duquel se trouve toujours la *maison ronde*, ainsi nommée sans doute parce qu'elle est carrée. Tous les Guides les décrivent ; ils indiquent aussi les rares maisons curieuses de la ville : *le Roi d'Espagne*, surmonté de sa petite figurine qui rappelle le temps des des Essarts, la maison de *la Salamandre*, rue de Cinq-Ans ; plus bas dans la rue et de l'autre côté, celle qui est affectée à l'asile des vieillards et qu'habitait naguère Mme de T..., si jolie dans sa longue jeunesse que les collégiens du Mans se mettaient en rang à la porte de l'église pour la voir passer ; la maison *Saugeron* ; la tourelle sur la place Carnot que doit démolir la rue qui joindra (?) cette place à la place de la République.

Je rappelle seulement les maisons historiques telles que *la Tête Noire*, l'enclos de M. Vaussery, la maison Leballeur, où se donna sous la Restauration un bal en l'honneur de Benjamin Constant (d'où les dames qui s'y rendirent furent appelées les *Benjamines*) etc., etc.

Allons un instant au cimetière. Nous y trouverons la tombe d'un membre des États Généraux, M. Pellisson de Gesne ; celles de deux membres de la Convention : M. Bernard Lehaut et M. Castaing. Sur cette dernière, pas un nom, pas une inscription ! ! Tant on voulut faire profond le silence sur le nom du défunt, qu'un de ses fils avait déshonoré !... Ses autres enfants firent, dit-on, tirer un journal spécial pour leur père, afin que sa vieillesse ne fut pas attristée par les débats de la cour d'assises, devant laquelle comparaissait celui qui avait empoisonné ses derniers jours.

Si vous voulez parcourir la plus belle voie de Mamers, montez la rue Nationale (Saint Jean), jetez un coup d'œil sur l'ancienne maison Duvivier, qui vous rappellera l'affaire *des boîtes infernales*, allez jusqu'à Bois-Hébert, où habita Quesnay de Beaurepaire lorsqu'il était procureur impérial. Avant d'y arriver, vous trouverez, si je ne me trompe, *le Bourg d'Anfray*, dont on a fait Bou d'Anfray, Boudin fré et enfin *Boudin froid* (!!) c'est ainsi que le peuple défigure tous les anciens noms. (Ne trouve-t-on pas *Fort-Manoir* appelé, dans les pièces imprimées de la fin du XVIIIe siècle du nom de *Fort-Manuel*?)

S'il vous reste du temps, employez-le à *bouquiner*. Il y a de biens anciens et curieux livres sur Mamers, par exemple l'*Hydrologie de la fontaine minérale de Dive, proche de la ville de Mamers, par le sieur Musnier, médecin pratiquant dans la dite ville*, (*à Alençon, chez Martin de la Motte, imprimeur ordinaire du roy et du Collége MDCLXXXVII*). Mais je doute que vous trouviez cette brochure, tant elle est rare. En suivant le cours de la Dive, charmante petite rivière, qui hélas! se transforme parfois en un torrent plus dangereux que le Paillon à Nice, allez jusqu'au haut Dives vous trouverez la fontaine. Au commencement du XIXe siècle, un médecin d'esprit, M. Durocher, l'ordonnait encore à ses malades, en même temps que le lait du mois de mai : c'était l'occasion d'hygiéniques promenades matinales se terminant par des mariages.

Quant au panégyrique du docteur Musnier en l'honneur de sa précieuse fontaine et qu'il faut lire tout entier, tant il est curieux ! je doute qu'il ait fait bien des adeptes, surtout parmi les jeunes mariés : car, disait-il « les maris et les femmes sépareront leurs couches, non seulement pendant le temps qu'ils boiront de l'eau, mais encore quatre ou cinq semaines après »

Et combien d'autres ouvrages curieux ! Les *Mémoires judiciaires* des avocats Guernon et Olivier de Blancpert au commencement de la Révolution, les *Mémoires justificatifs* des imprimeurs Léger et Boulanger, les romans de Mme de Reiset ! En 1848 les professions de foi des candidats, le *Club d'une petite ville*, les plaidoyers des avocats venus à Mamers : Nibelle, Jules Favre Madier de Monjau... J'en passe, et de bien intéressants. Vous pourrez plus facilement mettre la main sur les *Vizisitudes ou tribulations d'un coiffeur à Mamers*, de Breton (Jules Fleury, 1844, in-12)

Pardonnez à un Mamertin de vous avoir arrêtés si longtemps à regarder les curiosités de tout genre de sa ville natale!

***

Il est temps toutefois de sortir de la ville. Prenons, par la droite, la route d'Aillères et du Mesle-sur-Sarthe.[1] Nous ne tarderons pas à apercevoir le moulin à vent, célèbre par l'affaire des Chouans du 23 août 1799.[2] Nous découvrirons bientôt la forêt de Perseigne, une des beautés de la Sarthe, le château de Frébourg, les buttes de la Nue, ancien camp romain transformé en château-fort, surmonté d'un donjon en bois au XIe siècle, le château de la Gastine, où M. de Polignac vint, au lendemain des journées de Juillet, chercher un refuge d'un instant chez M. de Semallé. La légende veut même que ce soit une bague que lui donna Mme de Semallé qui le fit reconnaître et arrêter à Granville. Tournez les yeux à droite, vous verrez s'étendre à vos pieds toute la verte vallée du Perche et l'ancienne forêt de Blavout. C'est un des plus agréables points de vue de la région.[3]

Dans la forêt de Perseigne, que de sites délicieux : *la vallée d'Enfer*, *les Quatre-Gardes*, les *Trois Ponts*. Sollicités par le charme du lieu, faites-y un repas champêtre sur le bord d'un clair ruisseau. Vous verrez ensuite ce qui reste de l'ancienne abbaye de Perseigne, où Rancé médita sa réforme, et vous arriverez bientôt à Neufchâtel, aimable bourgade qui grimpe jusqu'au haut de la forêt. Au bas, est une silencieuse maison de religieuses, que de récents

---

1. Chemin de grande communication, n° 45.
2. Voir H. Chardon, *Un chef de Chouans dans le Saosnois*, Le Mans, 1901. pp. 26 et 199.
3. Si vous voulez poursuivre, vous pouvez en prenant à gauche aller voir à Louzes le manoir de la Tournerie, ou faire l'ascension du sommet le plus élevé de la forêt de Perseigne : *le Point du Signal*.

arrêtés sont venus troubler dans leurs prières. En haut, — singulier contraste, — Thérésa elle-même, en sabots, surveille sa basse-cour... C'est là un des plus pittoresques voyages qu'on puisse faire dans la Sarthe.

Redescendons jusqu'au Val, dont le château abrita la longue vieillesse du marquis de Viennay; puis pénétrons dans les caves de Villaine : ces anciennes carrières servent aujourd'hui de champignonnières et les sommets, ainsi que ceux de Chaumilton, ont été un instant couronnés de plants de vignes. A Saint-Rémy-du-Plain nous contemplerons l'antique donjon ruiné, œuvre de Robert le Diable, d'où l'œil embrasse un immense horizon, Clinchemore, qu'habita Mme de Villedieu, l'ancien prieuré de Moulins, appartenant à la Couture,[1] avec sa vieille chapelle et son manoir où, dans la vis de l'escalier, se voit une main-courante en corde, d'un admirable travail, qui a figuré à bien des expositions.

Un crochet maintenant jusqu'à Vézot, pour ne pas omettre son église, aux peintures murales intéressantes, parmi lesquelles on distinguait récemment encore un Saint Mamès nu, tenant ses entrailles entre ses mains. A Saosne, dont le vieux donjon offre un appareil en arêtes de poisson, on perçoit encore facilement, le long de la route de Courgains, *les fossés de Robert le Diable*. Près des Mées, le prieuré du Boulay a été transformé en grange.[2] Courgains, offre une belle vue de la butte du Theil, ancien château-fort, surmonté aujourd'hui d'un calvaire : de son sommet, on découvre jusqu'au delà de Beaumont. Tout à côté, nous trouverons Monhoudon : un curieux rétable du XVIIIe siècle, véritable bijou de boudoir, mérite à lui seul une visite. Nous arrivons à Dangeul, où se livrèrent naguère, sur ce terrain frontière, sur ces *marches* du Maine et du Perche, de violents combats entre Hélie de la Flèche et les Talvas.[3] De là on aperçoit facilement le château de

1. Prendre le chemin d'intérêt communal n° 86.
2. Voir sur cette région, G. Fleury, *Mélanges d'Archéologie et d'Histoire*, in-4°, 1903, p. 201 et suivantes.
3. Chemin de grande communication n° 7.

Ballon, qui n'appartient pas au Saosnois mais qui est la clef du pays jusqu'au Mans. De tous ceux qui en ont parlé, M. Freeman est celui qui l'a fait le plus complètement et le plus exactement en remontant à l'époque préhistorique. D'ailleurs, de tous les historiens qui ont voyagé dans le Saosnois, M. Freeman est celui qui a décrit le mieux et de la façon la plus précise tout ce territoire.[1]

De Dangeul allons à Marolles par Dissé[2], où l'on voit sous un enfeu la tombe gravée d'un ancien curé appartenant à la famille de Cléraunay. Son sol profond et plantureux y produit les plus beaux chanvres du département. Sur la rive droite de l'Orne saosnoise s'étendent des prairies où l'on voit de remarquables vaches normandes et de beaux types du cheval percheron.

La nef romane de l'église de Marolles, qui a été l'objet d'un complet remaniement, appartenait au commencement du XIIe siècle et présentait d'étroites fenêtres et un appareil en arêtes de poisson. Le vieux *sépulcre* de l'église est une réplique du sépulcre de la cathédrale du Mans, œuvre du célèbre sculpteur Charles Hoyau : la Madeleine de ce groupe rappelle la Sainte Cécile de la psalette de St-Julien. Le retable du maître-autel renferme un curieux tableau du *Baptême de Clovis*, qui vient d'être classé parmi les monuments historiques

En sortant de Marolles, dont il n'est séparé que par la Dive, se voit l'ancien portail de l'abbaye de Tyronneau, œuvre du XIIIe siècle encore très bien conservée. C'est là qu'est le confluent de la Dive et de l'Orne saosnoise.[3]

Peu après se présentent les buttes de Peray, ancien camp romain, surmontées au Moyen-Age d'un donjon en

1. Freeman, *The reign of William Rufus*, 2 vol. in-8°, 1882. — Ballon, I, 200. — Aillières, II. 206. — St-Rémy-du-Plain, 216-218.— Dangeul, II. 213-214. — Je ne dois pas oublier de citer aussi M. de la Sicotière, *Excursion dans le Saosnois*.

2. Chemin de grande communication n° 29.

3. Voir une belle photographie du porche de l'Abbaye de Tyronneau, p. 200, de *l'Histoire religieuse de Marolles-les-Braux*, par H. Chardon, in 8°, 1906.

bois détruit dès la fin du XIe siècle. On y a trouvé récemment une chèvre en bronze, sans parler des tuiles romaines et des ferrures qu'on y rencontre à chaque instant.[1]

A Champaissant, les buttes de Mont-Jallu bien des fois changées de place, n'offrent plus rien de remarquable. Elles rappellent seulement le nom de Léontine Fay, qui dansa bien souvent à Saint-Côme, chez Mme Anfray, avec Messieurs Poittevin et Grimault : l'un qui devait devenir préfet sous l'Empire, et l'autre membre de l'Assemblée Législative et Président de Chambre à la cour d'Angers. Sur le territoire de cette commune se trouve le château de Forbonnais : ce n'est plus qu'une ruine, mais elle rappelle le nom de l'illustre économiste, une des gloires du Maine à la fin du XVIIIe siècle. A Champaissant, comme à Saint-Pierre-des-Ormes, Saint-Vincent-des-Prés, Contilly, Panon, on admirera de curieux portails romans ; l'on y verra des peintures des artistes manceaux des XVIIe et XVIIIe siècles. On en rencontrera également à Moncé-en-Saosnois.

Rentrons à Mamers par Saint-Rémy-des-Monts,[2] où l'on verra encore, au retable de l'église, un tableau du *Baptême de Clovis* avec le portrait du donateur. Cette commune est la dernière où il nous sera donné de contempler un bel horizon. Pour rentrer à Mamers, nous n'avons plus à voir que le château de la Cour du Bois, ancienne habitation du baron de Reiset, aide de camp du maréchal Ney. Nous passons par la Chauvinière, autrefois plantée de grands arbres qui formaient pour la ville une agréable promenade, mais que les habitants ont tout fait pour s'en débarrasser plus vite. La démocratie est ennemie des arbres et du pittoresque. Ce n'est pas trop de l'initiative du « Touring-Club » pour assurer la conservation des sites, des paysages et des monuments pittoresques. Il est grand temps qu'il prenne en main leur défense et leur protection.

1. Chemin de grande communication n° 7.
2. Chemin de grande communication n° 41.

J. HAIZE
Imprimeur
SAINT-SERVAN, Ille-et-Vilaine

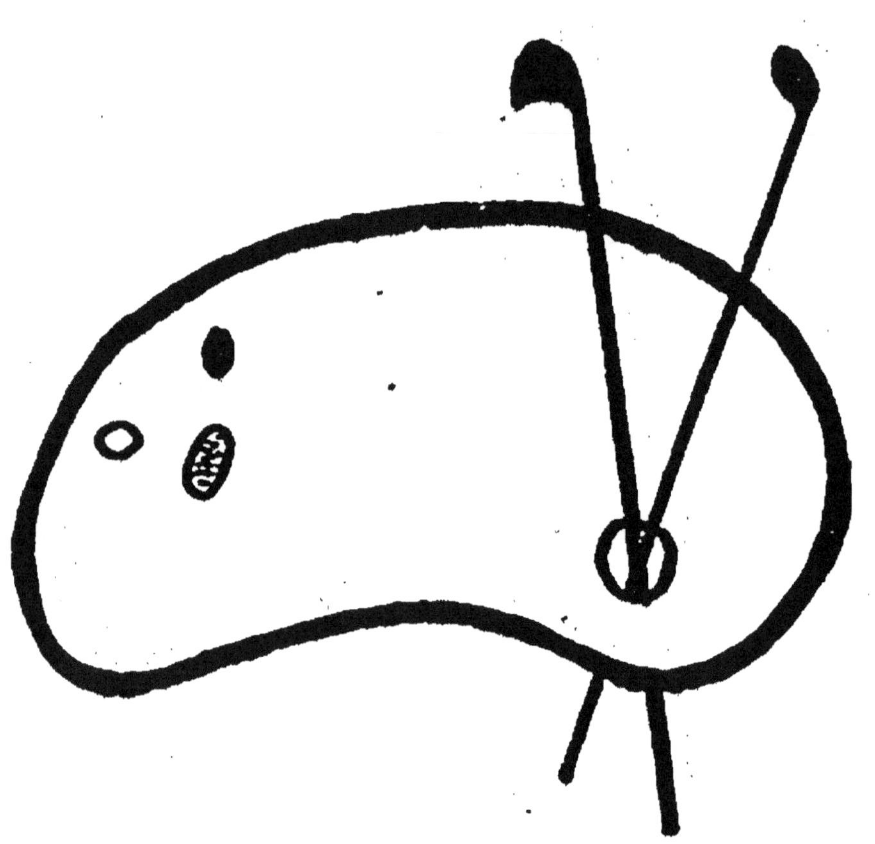

www.ingramcontent.com/pod-product-compliance
Lightning Source LLC
LaVergne TN
LVHW010410240826
846091LV00020B/2866

* 9 7 8 2 0 1 3 2 6 4 5 5 6 *